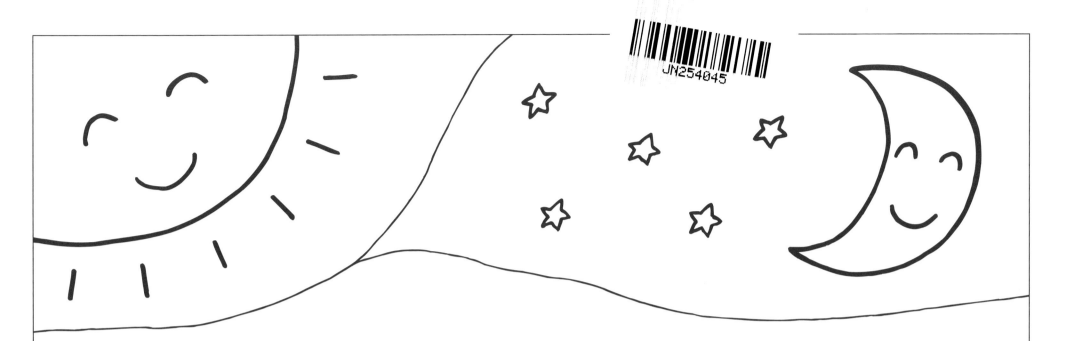

ひいてたのしいゲームつきワークブック

おんぷワンダーランド ②

遠藤 蓉子・著　サーベル社

は　じ　め　に

　本書は、サーベル社より既刊の「メロディー・ピクニック」に対応する形で作られたものですが、習い始めの小さい生徒さんのレッスンをこの一冊でもこなせるよう配慮されています。

　特徴としましては、音符に色をぬったり書いたりすることによって覚えるだけでなく、覚えた音符を実際のピアノの鍵盤の上で弾くことによって定着させ、次の段階への準備を進めるということです。また、子供たちの心を積極的にするため、できるだけゆっくりのペースで、指の動きも十分にトレーニングできるようになっています。また、いろいろなゲームは子供たちを楽しい気持ちにさせるだけでなく、自分で線で結んだ道筋を連続して読んだりピアノで弾いたりすることにより、ピアノに必要な集中力を鍛えていく効果があります。

　第一巻ではト音記号のドレミと2拍までのリズムを学びました。この第二巻では新しくファを習い、3拍と4拍のリズムを習います。徹底した反復練習と楽しいゲームで無理なく自然な形で覚えることができます。

　本書が小さい生徒さんと先生の楽しいレッスンのためにお役に立てば幸いです。

2015年12月

遠　藤　蓉　子

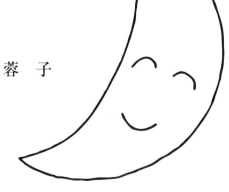

もくじ

ふぁのおけいこ …… 4	ぜんおんぷのおけいこ …… 35
おへんじゲーム …… 8	ドライブ・ゲーム …… 37
おへんじゲーム …… 12	ものがたりゲーム …… 42
おへんじゲーム …… 16	ことりのなきごえゲーム …… 45
ふてん2ぶおんぷのおけいこ …… 17	ものがたりゲーム …… 47
ドライブ・ゲーム …… 22	さかなつりゲーム …… 49
ドライブ・ゲーム …… 26	ものがたりゲーム …… 51
なきごえゲーム …… 29	ボーリング・ゲーム …… 53
もちものゲーム …… 31	ものがたりゲーム …… 55

おんぷにいろをぬりましょう（ど―あか　れ―きいろ　み―みどり　ふぁ―おれんじ）

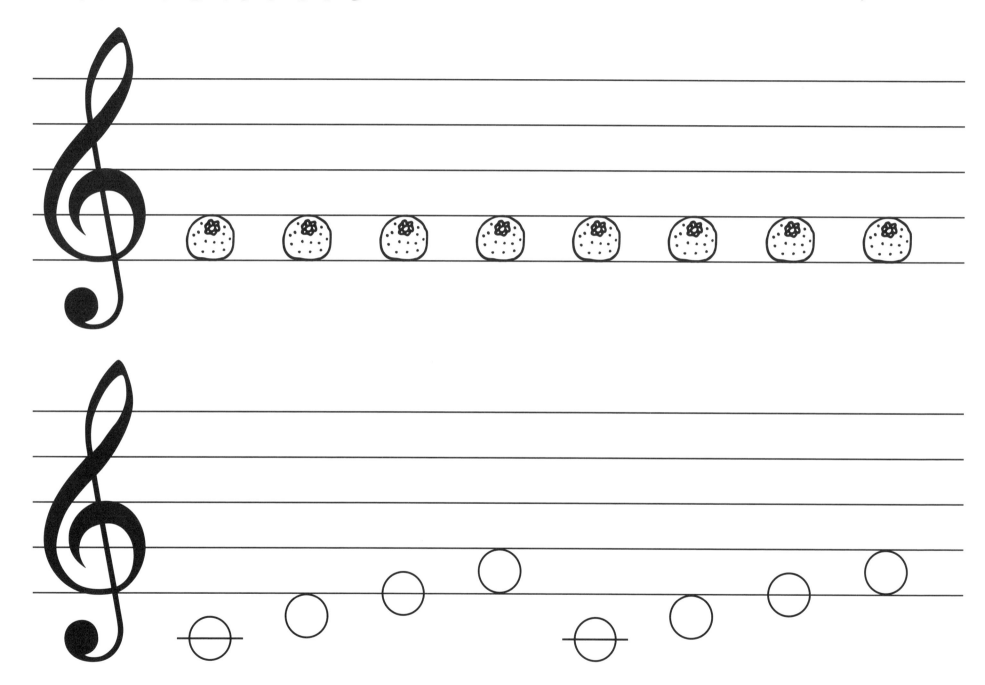

◎ファの練習です。ぬったあと、声に出して読みながらピアノで弾きましょう。

ふぁのおけいこ

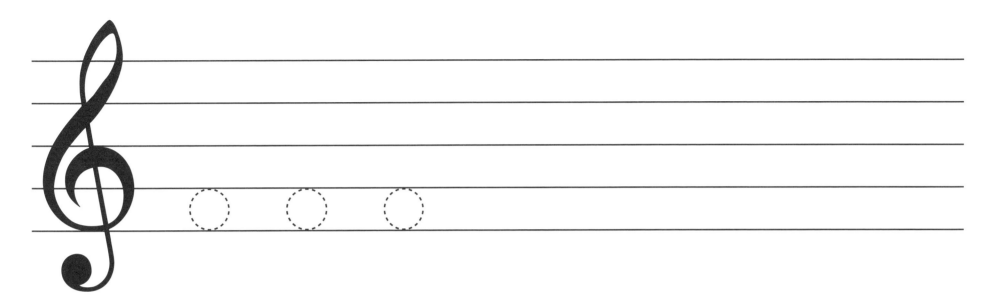

どれみふぁのおけいこ

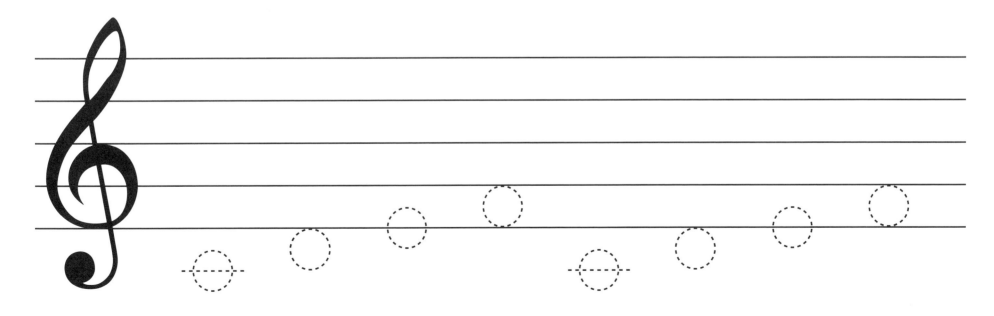

◎書いたあと、声に出して読みながらピアノで弾きましょう。

おんぷにいろをぬりましょう（どーあか れーきいろ みーみどり ふぁーおれんじ）

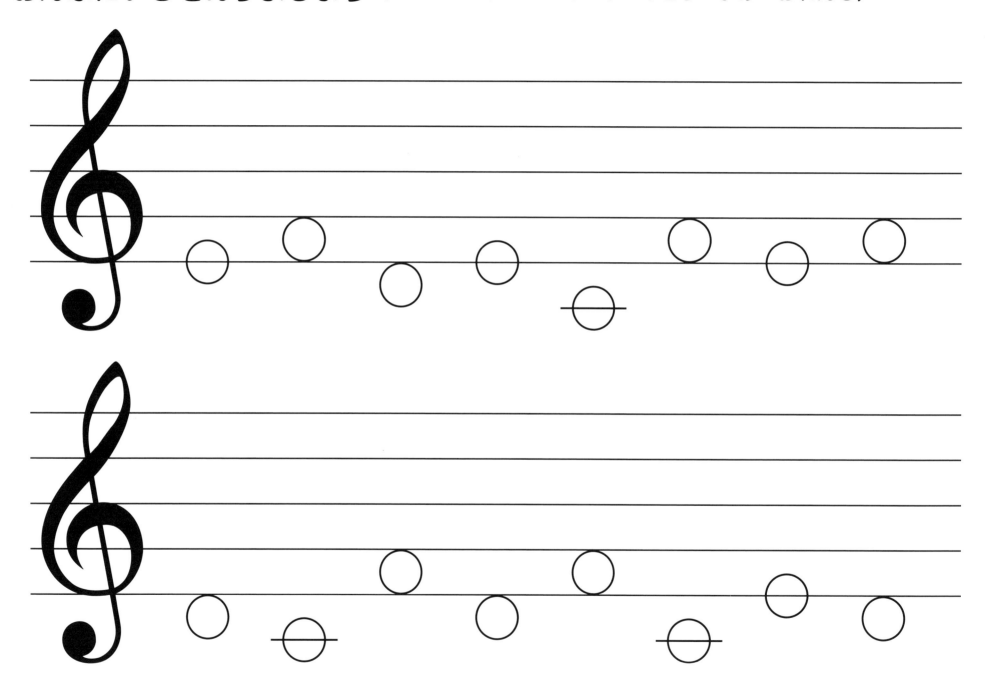

◎ぬったあと、声に出して読みながらピアノで弾きましょう。

おんぷをかきましょう

◎書いたあと、声に出して読みながらピアノで弾きましょう。

おへんじゲーム　せんせいがなまえをよんだら、ピアノでおへんじしましょう

せんでむすびましょう

おんぷにいろをぬりましょう（ど―あか　れ―きいろ　み―みどり　ふぁ―おれんじ）

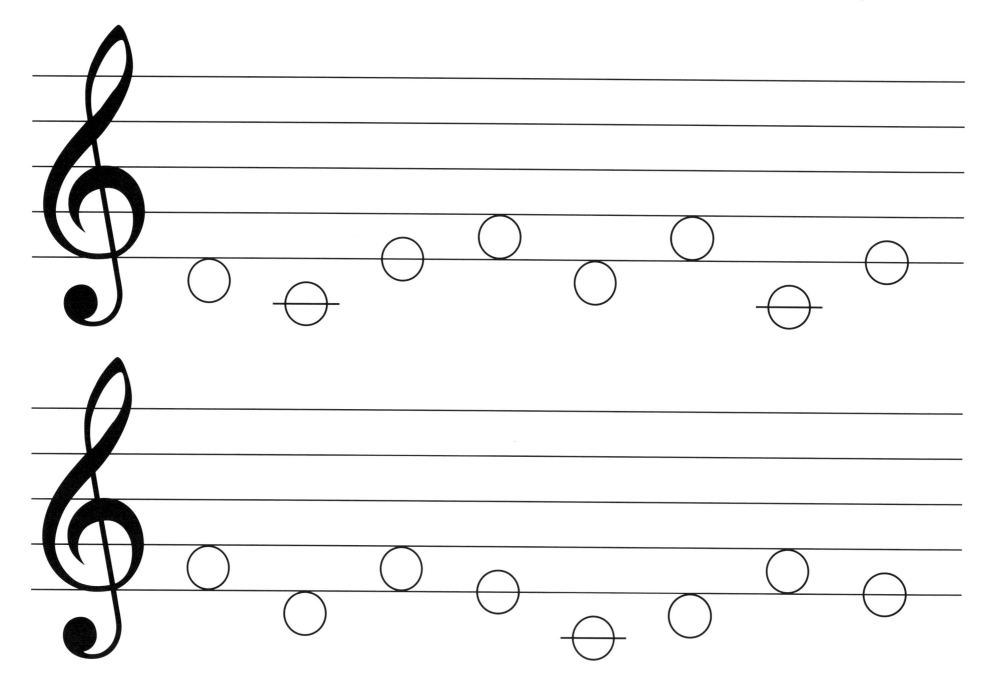

◎ぬったあと、声に出して読みながらピアノで弾きましょう。

おんぷをかきましょう

◎書いたあと、声に出して読みながらピアノで弾きましょう。

おへんじゲーム　せんせいがなまえをよんだら、ピアノでおへんじしましょう

せんでむすびましょう

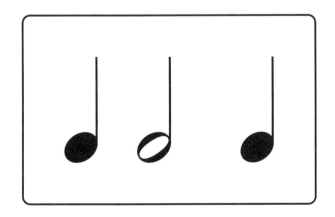
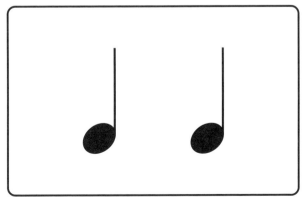
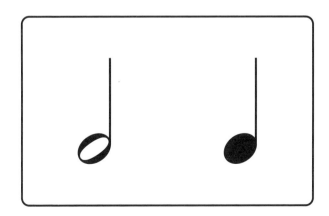

◎手でリズムを打ちながら、同じリズムのカードを探しましょう。(スプーン、フォーク、はし)

おんぷにいろをぬりましょう（ど—あか　れ—きいろ　み—みどり　ふぁ—おれんじ）

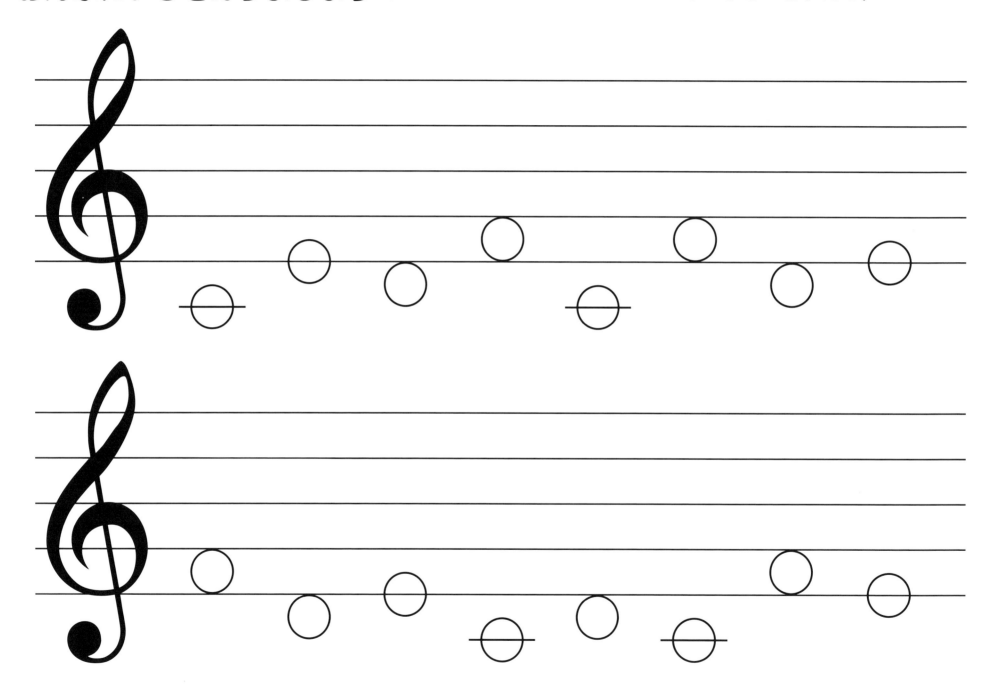

◎ぬったあと、声に出して読みながらピアノで弾きましょう。

おんぷをかきましょう

◎書いたあと、声に出して読みながらピアノで弾きましょう。

おへんじゲーム　せんせいがなまえをよんだら、ピアノでおへんじしましょう

せんでむすびましょう

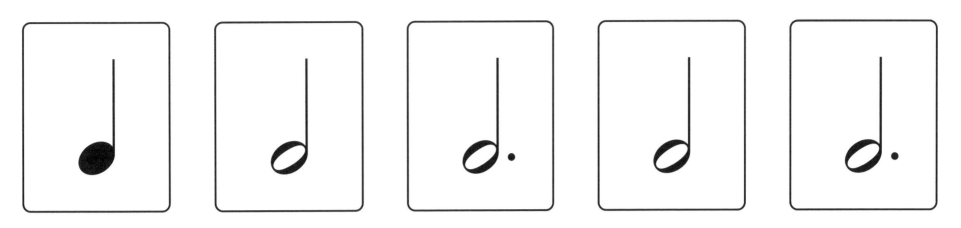

◎付点二分音符の練習です。

きんぎょばちのなかにおんぷをかきましょう

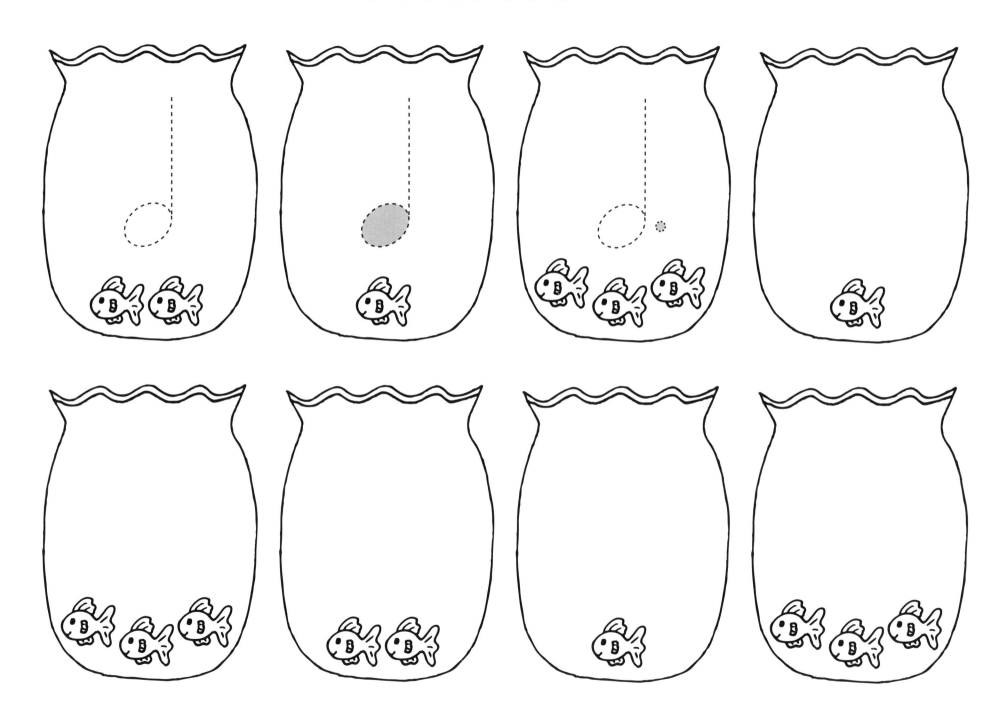

おんぷにいろをぬりましょう（どーあか　れーきいろ　みーみどり　ふぁーおれんじ）

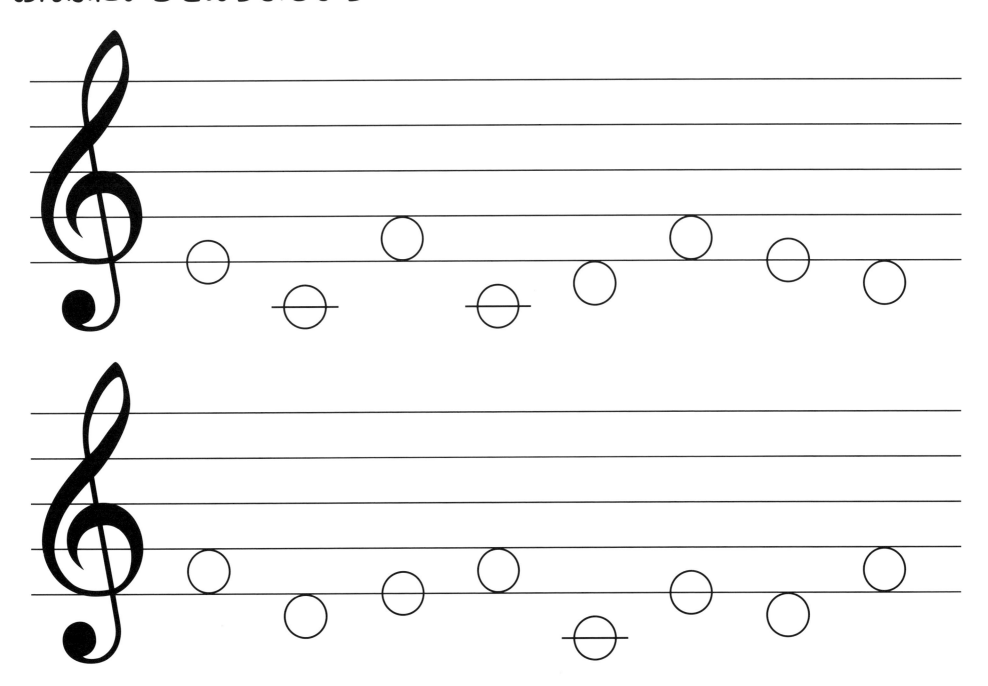

◎ぬったあと、声に出して読みながらピアノで弾きましょう。

おんぷをかきましょう

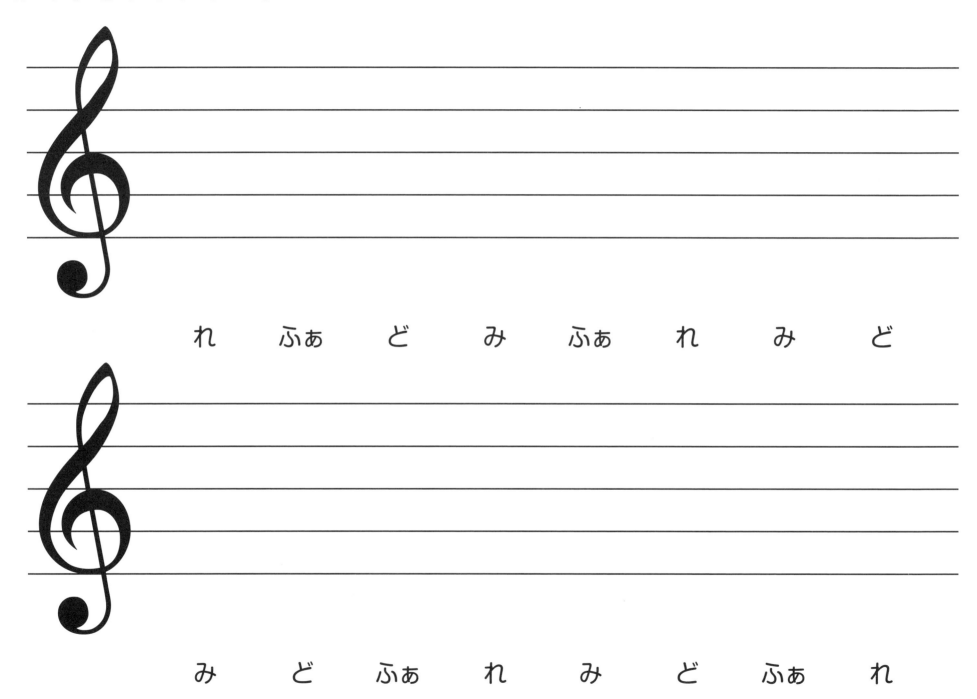

◎書いたあと、声に出して読みながらピアノで弾きましょう。

せんでむすびましょう

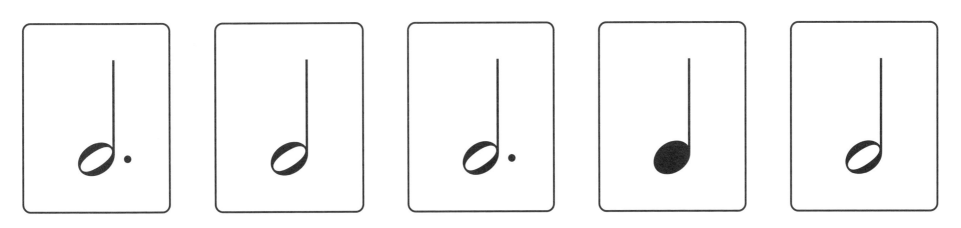

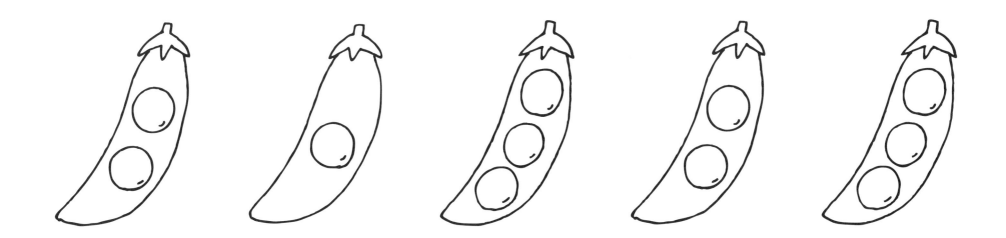

ドライブ・ゲーム　みちをかいてつづけてひきましょう

◎それぞれのカードを線でむすんでから読む練習をし、ピアノで弾きましょう。

とりかごのなかにおんぷをかきましょう

おんぷにいろをぬりましょう（ど—あか れ—きいろ み—みどり ふぁ—おれんじ）

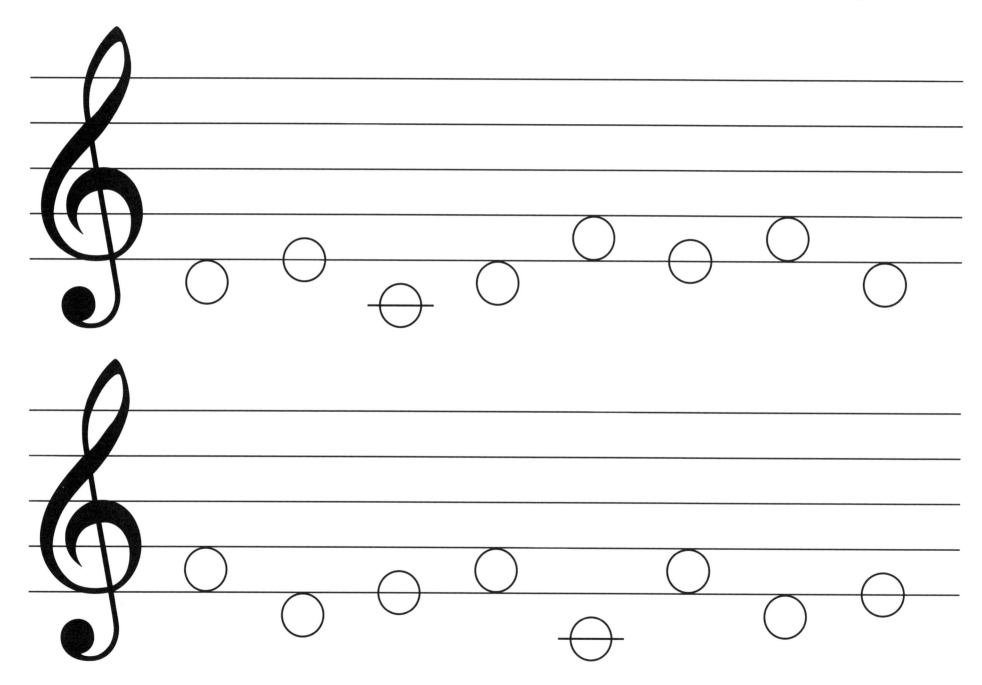

◎ぬったあと、声に出して読みながらピアノで弾きましょう。

おんぷをかきましょう

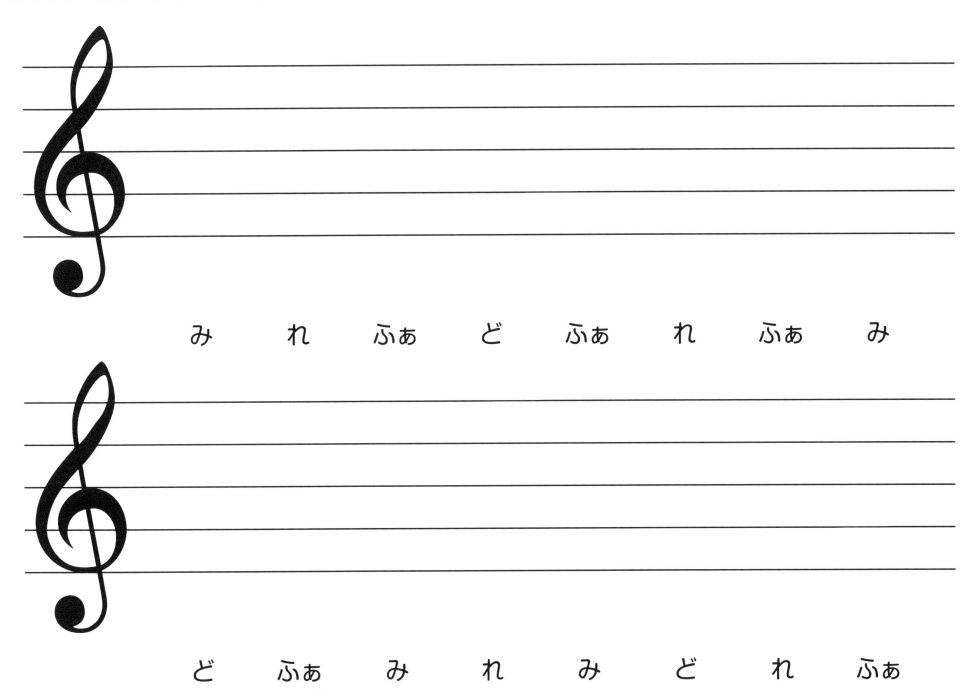

◎書いたあと、声に出して読みながらピアノで弾きましょう。

ドライブ・ゲーム みちをかいてつづけてひきましょう

◎それぞれのカードを線でむすんでから読む練習をし、ピアノで弾きましょう。

せんでむすびましょう

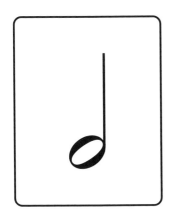 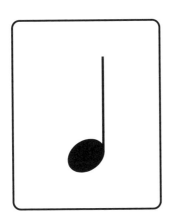 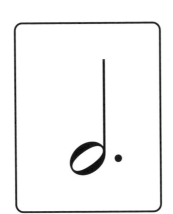 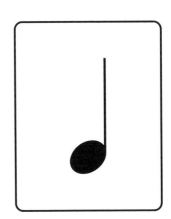 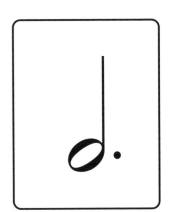

おんぷにいろをぬりましょう（ど—あか　れ—きいろ　み—みどり　ふぁ—おれんじ）

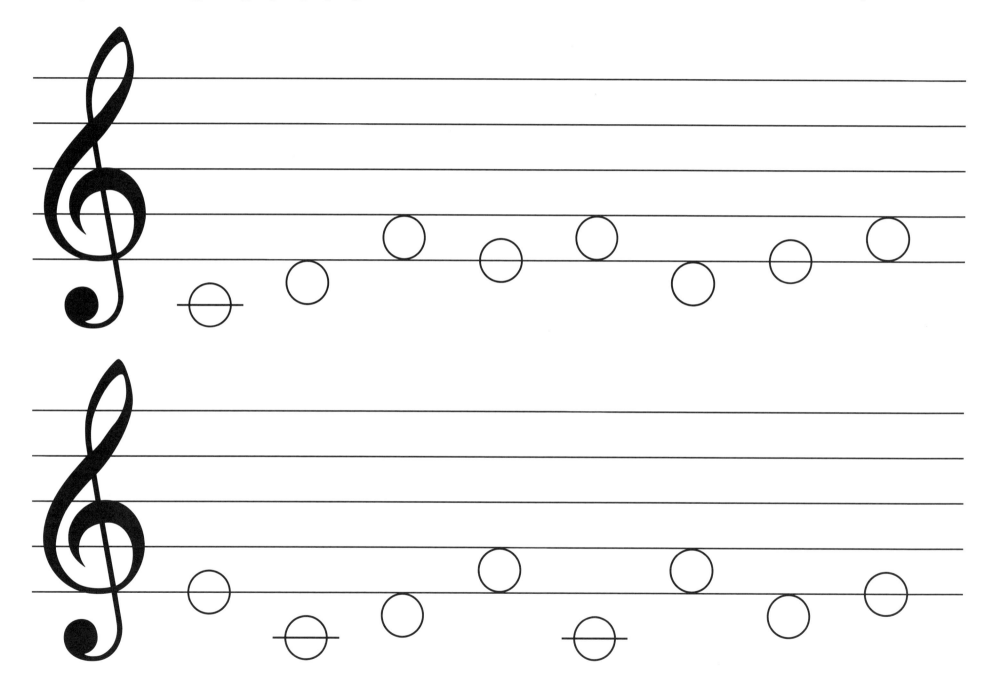

◎ぬったあと、声に出して読みながらピアノで弾きましょう。

なきごえゲーム　いろいろなどうぶつのなきごえをせんでむすびましょう

◎いろいろな動物の鳴き声をリズムで打ちましょう。（例：ワンワン、チューチュー、カーカー、ニャオーーン、モーー、メーー、コンコン）

おんぷをかきましょう

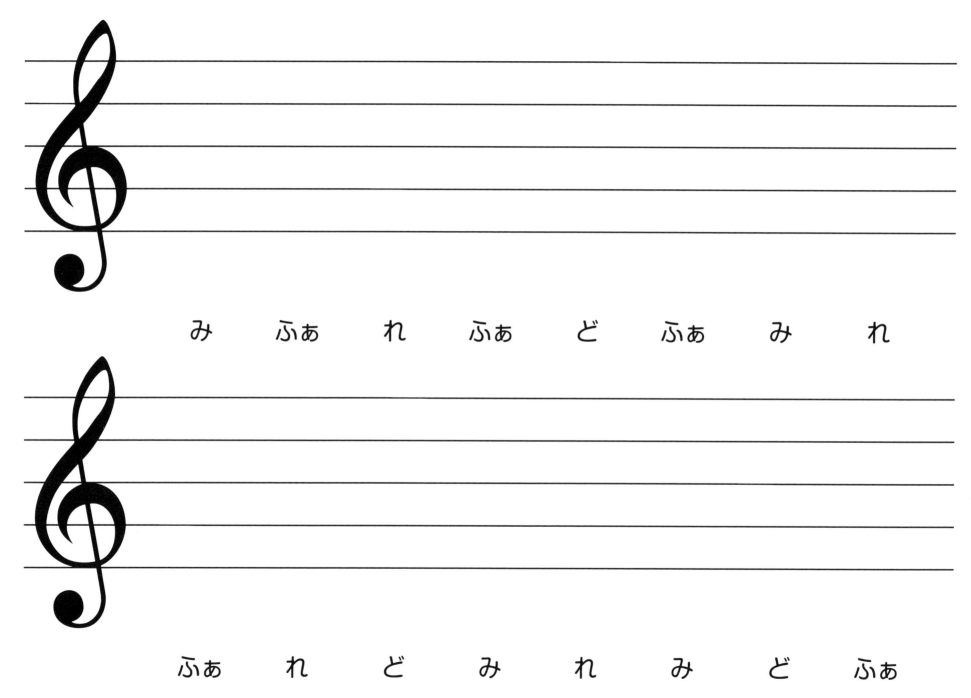

◎書いたあと、声に出して読みながらピアノで弾きましょう。

もちものゲーム　おなじもようのものをせんでむすび、つづけてうちましょう

おんぷにいろをぬりましょう（どーあか　れーきいろ　みーみどり　ふぁーおれんじ）

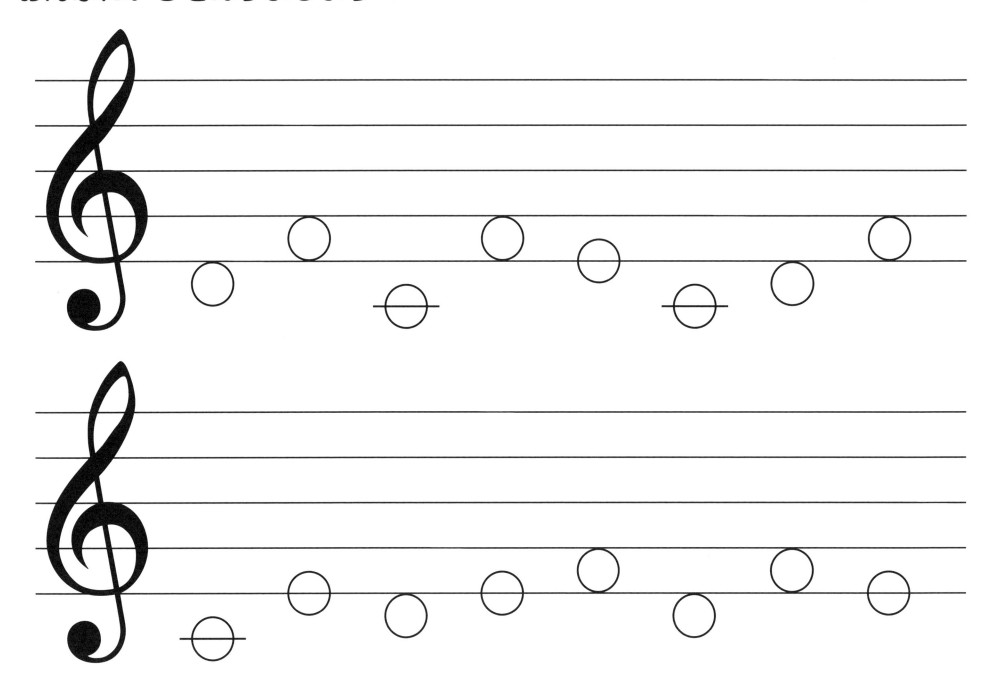

◎ぬったあと、声に出して読みながらピアノで弾きましょう。

おべんとうばこのなかにおんぷをかきましょう

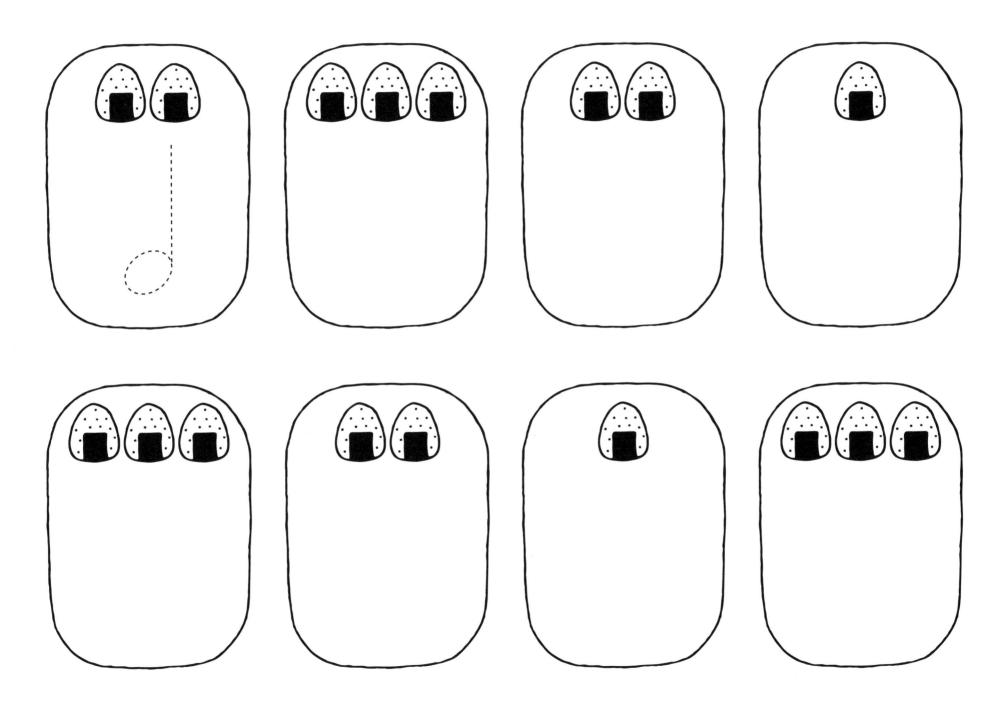

おんぷをかきましょう

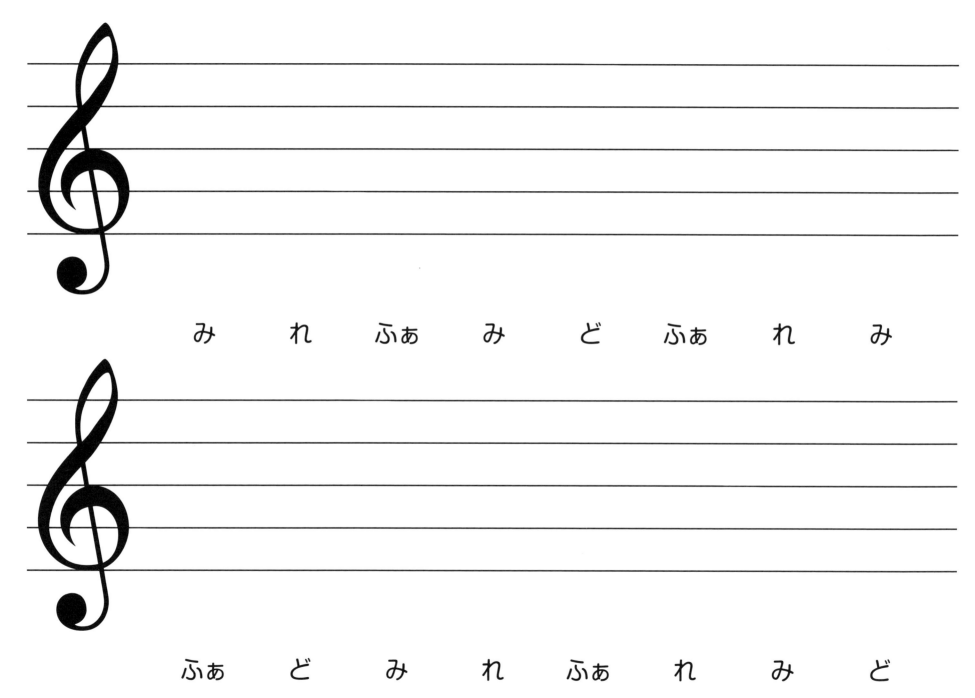

◎書いたあと、声に出して読みながらピアノで弾きましょう。

せんでむすびましょう

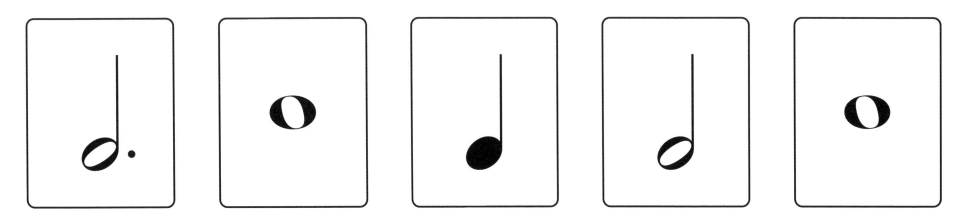

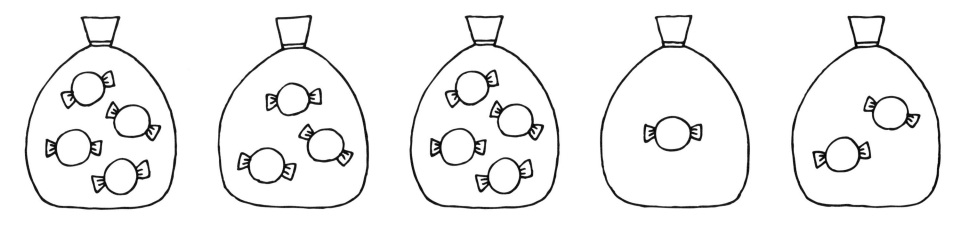

◎全音符の練習です。

おんぷにいろをぬりましょう（ど—あか　れ—きいろ　み—みどり　ふぁ—おれんじ）

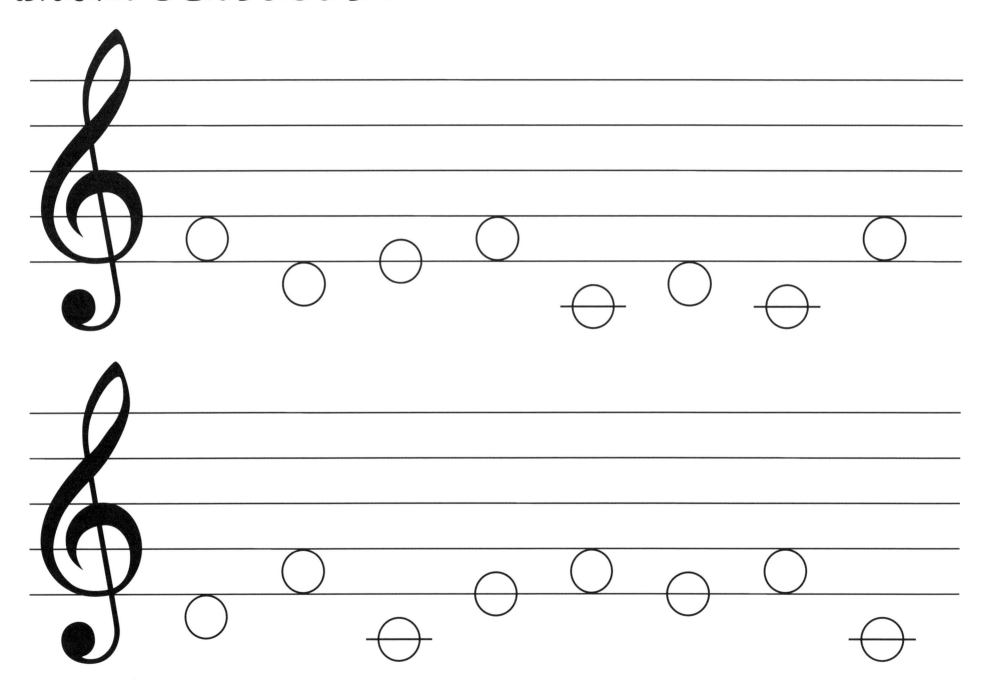

◎ぬったあと、声に出して読みながらピアノで弾きましょう。

ドライブ・ゲーム みちをかいてつづけてひきましょう

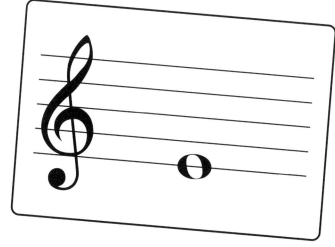

◎それぞれのカードを線でむすんでから読む練習をし、ピアノで弾きましょう。

かびんのなかにおんぷをかきましょう

おんぷをかきましょう

◎書いたあと、声に出して読みながらピアノで弾きましょう。

おんぷにいろをぬりましょう（ど—あか　れ—きいろ　み—みどり　ふぁ—おれんじ）

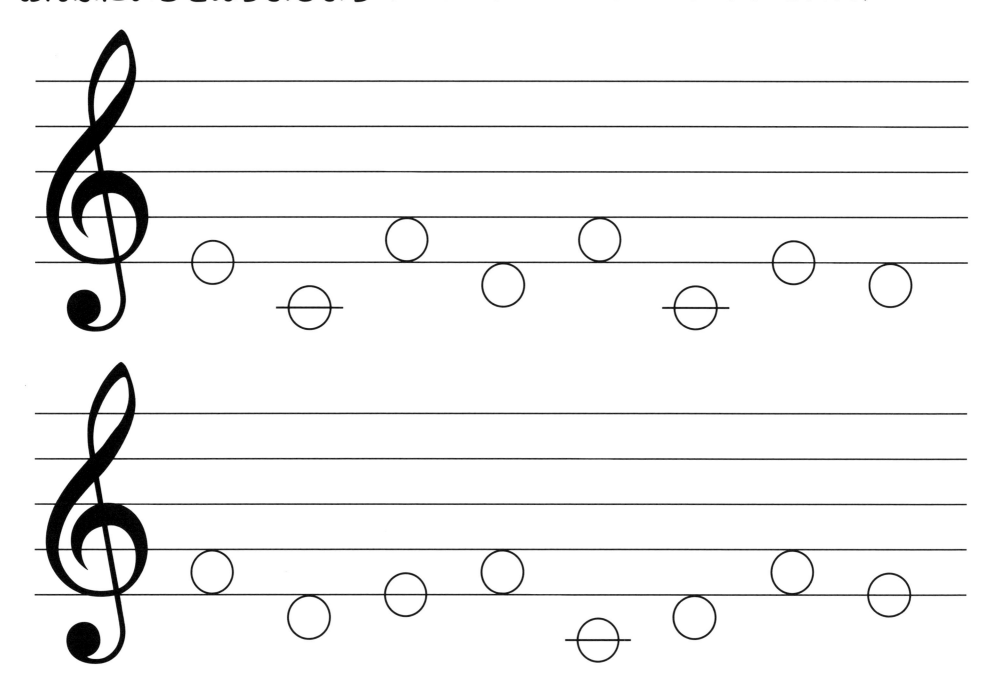

◎ぬったあと、声に出して読みながらピアノで弾きましょう。

せんでむすびましょう

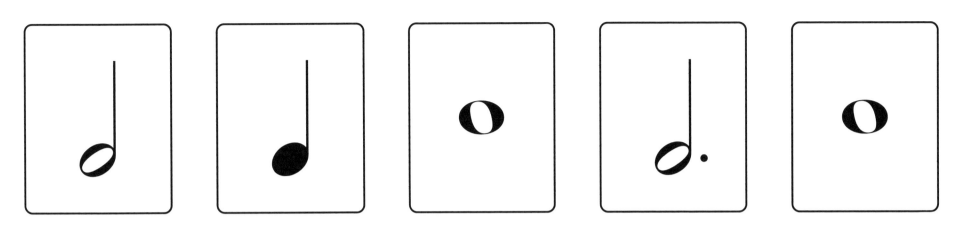

ものがたりゲーム　ほんをせんでむすんでつづけてひきましょう

◎それぞれのカードを線でむすんでから読む練習をし、ピアノで弾きましょう。

さいふのなかにおんぷをかきましょう

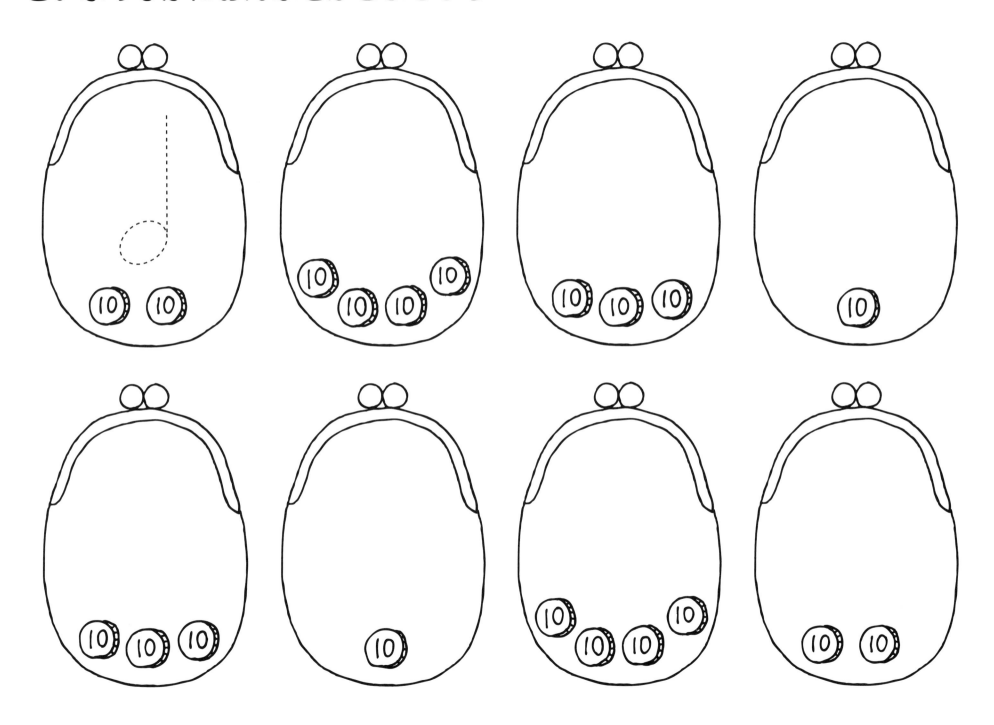

おんぷをかきましょう

◎書いたあと、声に出して読みながらピアノで弾きましょう。

ことりのなきごえゲーム　せんでむすんでつづけてうちましょう

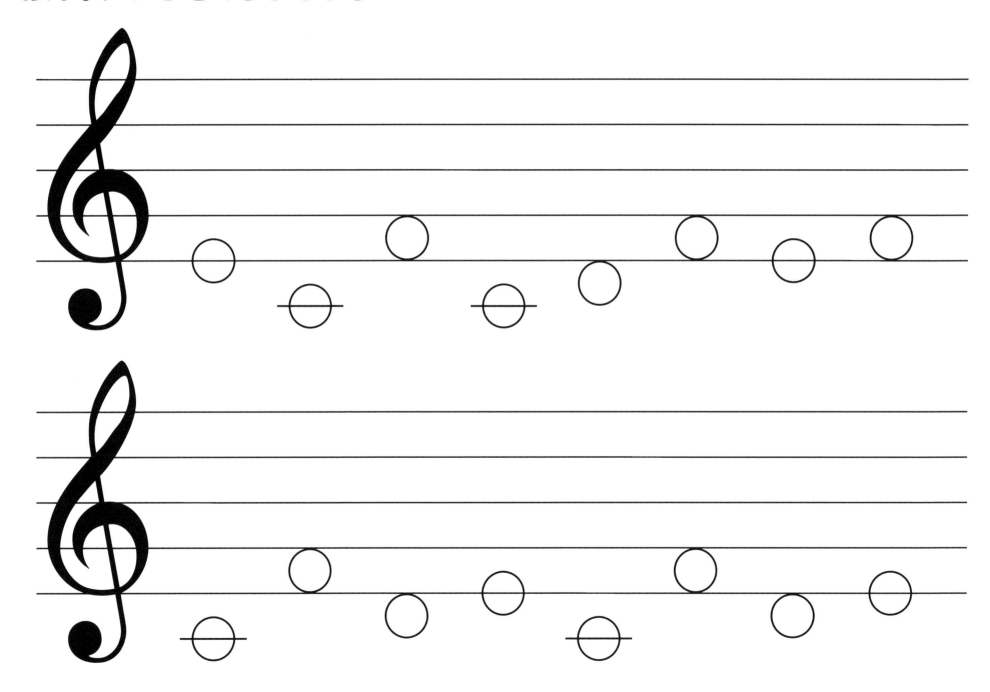

ものがたりゲーム　ほんをせんでむすんでつづけてひきましょう

◎それぞれのカードを線でむすんでから読む練習をし、ピアノで弾きましょう。

せんでむすびましょう

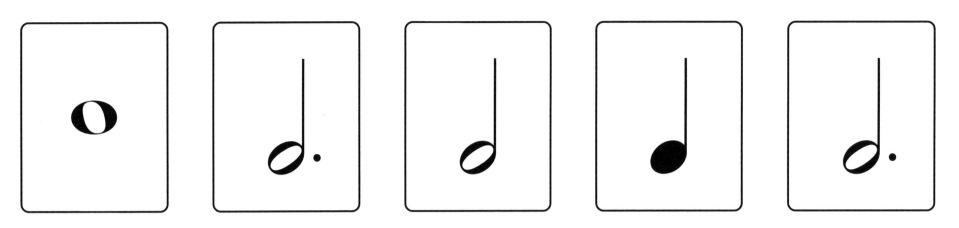

さかなつりゲーム　せんでむすんでつづけてうちましょう

おんぷにいろをぬりましょう（ど—あか れ—きいろ み—みどり ふぁ—おれんじ）

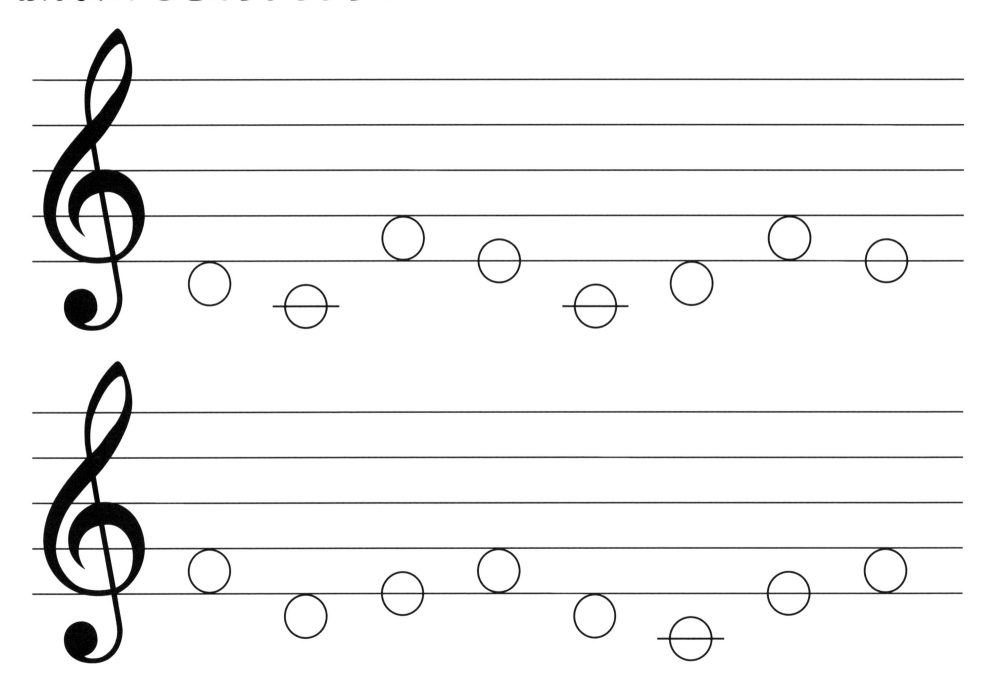

◎ぬったあと、声に出して読みながらピアノで弾きましょう。

ものがたりゲーム　ほんをせんでむすんでつづけてひきましょう

◎それぞれのカードを線でむすんでから読む練習をし、ピアノで弾きましょう。

おんぷをかきましょう

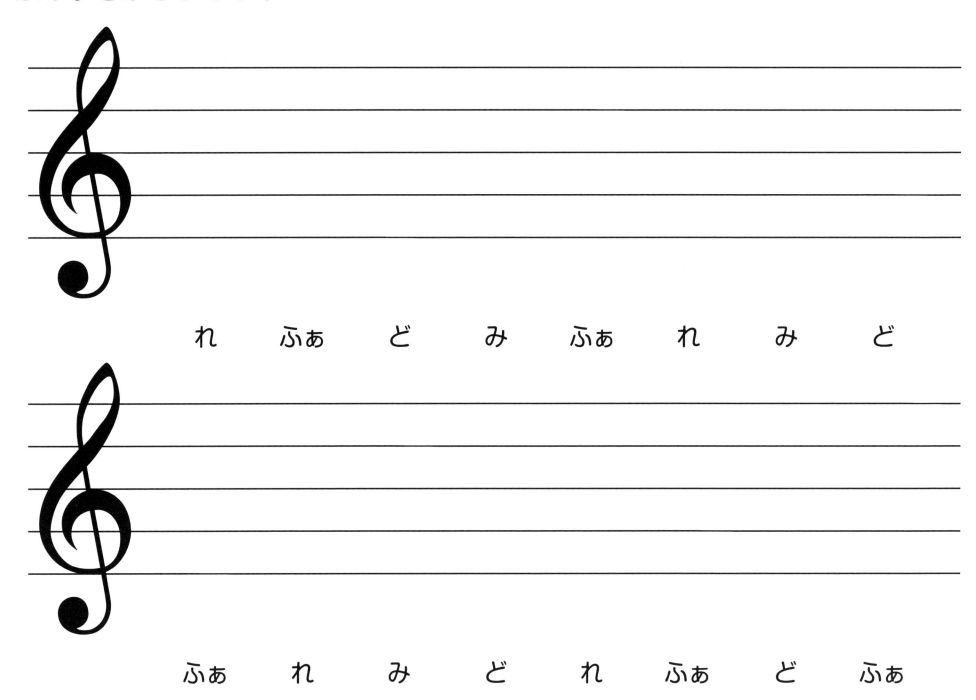

◎書いたあと、声に出して読みながらピアノで弾きましょう。

ボーリング・ゲーム たまをせんでむすびましょう

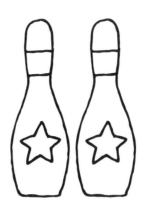

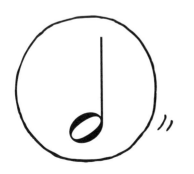

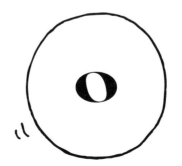
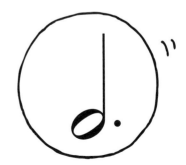

ジュースにいろをぬりましょう

◎ぬったあとで、音の高さを確認しながら、ピアノで弾いてみましょう。(イチゴ—赤、レモン—黄色、メロン—緑、みかん—オレンジ)

ものがたりゲーム　ほんをせんでむすんでつづけてひきましょう

◎それぞれのカードを線でむすんでから読む練習をし、ピアノで弾きましょう。

ピアノとワークブックとリトミックでバランスよく導入レッスン

うたとリズムとピアノ
メロディー・ピクニック ①②

各定価　CDつき　本体［1800円＋税］
　　　　CDなし　本体［1200円＋税］

子どもたちの知っている歌を使いながら歌とリズムとピアノをレッスンしていきます。1巻はドレミファ、2巻はドレミファソで構成されており、CDまたは先生の伴奏に合わせることによって各曲を十分に楽しみながら進んでいきます。子供たちのやる気をひき出す画期的なテキストです。

ひいてたのしいゲームつきワークブック
おんぷワンダーランド ①～③

各定価　本体［950円＋税］

小さい子のための楽しいワークブックで、1巻ドレミ、2巻ド～ファ、3巻ド～ソで構成されています。音符を書いたり色をぬったりするだけでなく、自分で書いた音符をピアノで弾くことにより鍵盤での理解を深めていきます。いろいろなゲームも音符をすぐに読んですぐに弾くということの練習になっています。「メロディー・ピクニック」に対応しています。

個人でもグループでも使える
よいこのリトミック ①～③
（ごほうびゲームつき）

各定価　本体［950円＋税］

小さい子はじっとしているのが苦手です。ピアノを弾いたあとには思いっきり体を動かして子供たちのエネルギーを正しい方向へ導き、遊びながらリズムと音感の土台を作ると効果的です。「おたのしみリズム・ブック」として対応CDが発売されていますので、個人レッスンでもすぐに取り入れられます。

よいこのリトミック対応
おたのしみリズム・ブック ①～③
（カード＆CDつき）

各定価　本体［1980円＋税］

「よいこのリトミック」に対応したCDブックですが、「おたのしみリズム・ブック」のみ単独で使うこともできます。子供たちの知っている曲を歌いながらリズムを打ったり、音楽に合わせてカードを打つ方法で狭いお部屋でもできるよう工夫されています。巻末の「おたのしみカード」は「ごほうびゲーム」に対応していますが、テキストとは関係なくカードひろいをするととても喜びます。

☆ **各テキストはサーベル社より好評発売中！**

遠藤蓉子ホームページ　http://yoppii.g.dgdg.jp/
【YouTube】よっぴーのお部屋 レッスンの扉（レッスンのヒントを紹介）

著　者　遠藤蓉子
DTP　　アトリエ・ベアール
発行者　鈴木廣史
発行所　株式会社サーベル社
定　価　［本体950円＋税］
発行日　2024年10月21日

ひいてたのしいゲームつきワークブック
おんぷワンダーランド②

〒130-0025　東京都墨田区千歳2-9-13
TEL 03-3846-1051　FAX 03-3846-1391
http://www.saber-inc.co.jp

この著作物を権利者に無断で複写複製することは、著作権法で禁じられています。
万一、落丁・乱丁の場合は送料小社負担でお取り替えいたします。

ISBN978-4-88371-707-1 C0073 ¥0950E